SOLFÉGES

DU

CONSERVATOIRE

PAR

CHERUBINI

CATEL, MÉHUL, GOSSEC, LANGLÉ, ETC.

NOUVELLE ÉDITION

AVEC DOUBLES NOTES, LEÇONS TRANSPOSÉES, SUPPRESSIONS AD LIBITUM POUR LES JEUNES VOIX
ET ACCOMPAGNEMENT DE PIANO OU ORGUE D'APRÈS LA BASSE CHIFFRÉE

PAR

ÉDOUARD BATISTE

Professeur de Solfége individuel et collectif au Conservatoire
Organiste du grand Orgue de Saint-Eustache et Directeur de la Société Chorale du Conservatoire

EN HUIT LIVRES OU VOLUMES IN-OCTAVO

1er LIVRE — INTRODUCTION AUX GRANDS SOLFÉGES DU CONSERVATOIRE

PETIT SOLFÉGE THÉORIQUE ET PRATIQUE

RENFERMANT 100 LEÇONS PROGRESSIVES,
PRÉCÉDÉES
DES PRINCIPES DE MUSIQUE

par
ÉDOUARD BATISTE
(A LA PORTÉE DES PLUS JEUNES VOIX)

ACCOMPAGNÉES DE 50 TABLEAUX - TYPES
RÉSUMANT LES DIFFICULTÉS VOCALES
ET RHYTHMIQUES DE LECTURE MUSICALE

Un Volume in-8°, avec accompagnement de Piano ou Orgue, net : 8 francs.
L'Atlas des cinquante Tableaux-Types de lecture musicale, format oblong, net : 5 francs.

Reproduction géante des cinquante Tableaux pour les Classes d'ensemble des Colléges, Séminaires, etc., net : 100 francs.

2e LIVRE	4e LIVRE	6e LIVRE
EXERCICES ET LEÇONS	**SOLFÉGES**	**LEÇONS ET SOLFÉGES**
Cherubini, Catel, Gossec, Méhul, Langlé, etc.	*D'une difficulté progressive*	*Des précédents livres sur clefs d'ut*
In-8°, avec Piano ou Orgue, net : 7 fr.	In-8°, avec Piano ou Orgue, net : 10 fr.	In-8°, avec Piano ou Orgue, net : 10 fr.
Grand format, basse chiffrée, net : 7 fr.	Grand format, basse chiffrée, net : 10 fr.	Édition populaire, sans acc᷑, net : 3 fr.
3e LIVRE	**5e LIVRE**	**7e ET 8e LIVRES**
SOLFÉGES PROGRESSIFS	**SOLFÉGES**	**DERNIERS SOLFÉGES**
Dans tous les tons	*A deux, trois et quatre voix*	*A changements de clefs, par Cherubini*
In-8°, avec Piano ou Orgue, net : 10 fr.	In-8°, avec Piano ou Orgue, net : 10 fr.	In-8°, avec Piano ou Orgue, net : 10 et 15 fr.
Grand format, basse chiffrée, net : 10 fr.	Grand format, basse chiffrée, net : 10 fr.	Grand format, basse chiffrée, net : 10 et 15 fr.

N°   PRIX :

PARIS

AU MÉNESTREL, 2 BIS, RUE VIVIENNE

HEUGEL & Cie, ÉDITEURS-FOURNISSEURS DU CONSERVATOIRE

Propriété pour la France et l'Étranger. — Droits de traduction réservés.

1865

SOLFÉGES DU CONSERVATOIRE

DE

CHERUBINI, CATEL, MÉHUL, GOSSEC, ETC.

PRÉFACE DES ÉDITEURS

Les Grands Solféges du Conservatoire sont avant tout un cours complet d'exercices et de leçons du meilleur style, écrits en bonne musique, comme nos livres classiques le sont en bon français, et c'est là ce qui les rend indispensables à tous les élèves qui veulent réellement devenir *musiciens*, c'est-à-dire sentir et comprendre la musique. On peut apprendre à épeler, à lire, à écrire par toutes les méthodes, ainsi qu'on arrive à solfier ou à vocaliser par tous les systèmes d'enseignement : mais ce premier travail accompli, il importe de l'appliquer à de belles leçons, bien écrites, purement accompagnées, afin d'acquérir dès le début le goût du beau et du bon. Apprendre la musique avec de bonne musique, c'est lire de bons livres, c'est élever immédiatement son organisation à la hauteur *des classiques*. Ce qui crée tant de mauvais musiciens, c'est la mauvaise musique dont on se sert trop volontiers pour l'enseignement du chant et du piano. Étudiez sur des solféges bien écrits, si simples qu'ils soient, un bon sentiment musical ne tardera pas à se former en vous. Ne travaillez, au contraire, que sur de la musique légère, et, quelque habile lecteur que vous puissiez devenir, vous risquez fort de n'être jamais qu'un médiocre musicien.

Voilà les raisons qui nous ont fait entreprendre une réédition si complète de toute la collection des exercices, leçons et solféges spécialement écrits par des maîtres tels que CHERUBINI, MÉHUL, CATEL, GOSSEC, etc., pour servir de base à l'enseignement de la musique au Conservatoire. De pareils solféges ne sauraient disparaître de l'enseignement : ils en doivent rester les livres classiques, car ils s'appliquent à tous les systèmes, à toutes les méthodes. Les voici, d'ailleurs, rendus infiniment plus pratiques par l'exacte réalisation en toutes notes des basses chiffrées pour piano ou orgue, la transposition des leçons trop élevées ou trop graves, l'addition de notes-facilité, qui en permettent l'exécution à toutes les voix, enfin par la suppression rendue possible, harmoniquement et mélodiquement, de certains passages du deuxième livre, par trop fatigants pour les jeunes voix. Ces notables améliorations ont été accomplies sans aucune altération du texte par M. ÉD. BATISTE, professeur de solfége individuel et collectif au Conservatoire, et l'accompagnateur, pendant vingt ans, des examens et des concours présidés par MM. CHERUBINI et AUBER. M. ÉD. BATISTE a donc les vraies traditions de ces solféges, dont il a su respecter l'ordre tonal primitif, lequel a sa raison d'être, tout en reclassant et en transcrivant un assez grand nombre de leçons sur les clefs de *sol* et de *fa*, généralement usitées de nos jours, même pour nos partitions de grand opéra, réduites au piano.

Toutefois, dans un 6ᵉ volume in-8°, tout spécial, comme aussi dans les éditions grand format des *Solféges du Conservatoire*, éditions améliorées mais conservées dans leur intégrité, les élèves trouveront, avec tous ses développements, l'étude des clefs d'*ut*, que les derniers solféges de Cherubini, à changements de clefs, viennent compléter d'une manière si magistrale.

Puis il dépendra toujours du professeur de faire telles ou telles transpositions, selon la voix et les dispositions particulières de l'élève, comme il dépend aussi du professeur de préparer l'élève, par la méthode de ses préférences, à l'étude des *Grands Solféges du Conservatoire*. C'est dans ce but que M. ÉDOUARD BATISTE a écrit, pour les institutions dans lesquelles il professe et pour ses élèves de la *Société chorale du Conservatoire*, un *Petit Solfége préparatoire, théorique et pratique*, renfermant cent leçons mélodiques et progressives, précédées d'une exposition sommaire des principes de la musique et accompagnées de *cinquante tableaux-types, résumant toutes les difficultés élémentaires*, vocales ou rhythmiques de la lecture musicale.

Ce *Petit Solfége* n'est pas le couronnement de l'édifice, bien au contraire ; mais il est la véritable clef des *Solféges du Conservatoire*, auxquels il servira de très-utile introduction ; voilà pourquoi nous nous empressons de le signaler aux professeurs et aux élèves.

J. L. HEUGEL.

—○●○—

MON PETIT SOLFÉGE

Commencé dans les plus modestes limites, ce *Petit Solfége* s'est fait grand sans rien perdre, je crois, de ses mérites élémentaires. Chaque leçon, chaque tableau m'a obligé à plus de développements que je ne l'avais d'abord prévu, et c'est aujourd'hui tout un cours de lecture musicale que ce PETIT SOLFÉGE. Les professeurs et les élèves ne s'en plaindront pas ; ils y trouveront une introduction plus complète aux admirables solféges du Conservatoire, qui ont créé tant de compositeurs, de chanteurs et d'instrumentistes accomplis. C'est pour tenir la seule place de premier livre de ces solféges, exclusivement consacré aux principes de musique, que les éditeurs des *Méthodes du Conservatoire* m'ont chargé d'écrire ce petit ouvrage, où tous ces principes sont exposés d'une manière plus élémentaire, et appliqués à des leçons et à des tableaux-types résumant toutes les difficultés vocales et rhythmiques de l'ordre primaire, mises à la portée des plus jeunes voix.

Après cette étude préalable, les élèves pourront aborder sans difficulté les *Solféges du Conservatoire*, que je crois avoir rendus infiniment plus pratiques par la réalisation des basses chiffrées, pour piano ou orgue, la transposition des leçons trop élevées ou trop graves, l'adjonction de notes-facilité pour les voix courtes, et enfin par la suppression *ad libitum* de certains passages trop fatigants pour les jeunes voix. De plus, toutes les difficultés de ces grands solféges sont prévues dans mon *Petit Solfége théorique et pratique*, et je pense les avoir présentées dans un ordre progressif, aussi clair, aussi net, que pouvait l'indiquer une vieille expérience de l'enseignement, sans parti pris pour ou contre tel système, appelant à mon aide, au contraire, tous les éléments nouveaux qui m'ont paru constater un progrès.

De mon côté, j'ai l'espoir que les cinquante tableaux-types de mon petit solfége feront faire un grand pas à la lecture musicale, d'autant plus que ces tableaux s'appliquent aussi bien à l'enseignement collectif qu'à l'enseignement individuel, aux classes de nos lycées et séminaires qu'aux exercices de nos orphéons, et que, par leur utilité essentiellement pratique, ils me paraissent appelés à devenir l'atlas indispensable de tous les solféges comme de toutes les méthodes d'enseignement.

Dans cette prévision, ne m'est-il pas permis d'exposer ici quels peuvent être mes titres à la bienveillance générale que je sollicite en faveur de mes tableaux-types?

Entré comme élève au Conservatoire en **1828**, j'y obtins successivement les premiers prix de solfége, d'harmonie et accompagnement, de contrepoint et fugue, d'orgue ; et, en **1840**, disciple de notre maître si regretté, Halévy, le deuxième grand prix de composition musicale me fut décerné par l'Institut. Professeur agrégé et titulaire de solfége en **1837** et **1839**, j'ai été appelé à diriger successivement les classes de solfége individuel et collectif du Conservatoire, où je fus nommé professeur de chant (enseignement simultané) en **1852**. Depuis la création de cette classe et la fondation de la Société chorale du Conservatoire, plus de cinq mille élèves ont suivi mes cours et mérité de nombreuses récompenses.

Si je crois devoir insister sur ces titres à la confiance des professeurs, c'est que le choix d'une méthode élémentaire est chose des plus importantes sous l'apparence la moins grave. D'un bon début dépend souvent la vocation et l'avenir des élèves ; il importe donc de savoir par qui ce PETIT SOLFÉGE est présenté à l'enseignement, afin de pouvoir apprécier la part de crédit que réellement il mérite. Notre illustre directeur du Conservatoire, M. Auber, en a bien voulu accepter l'hommage, et son non moins illustre prédécesseur avait bien voulu aussi m'agréer comme accompagnateur habituel des examens et des concours du Conservatoire, fonctions que j'ai remplies pendant vingt ans, nonseulement sous la direction de MM. Cherubini et Auber, mais aussi dans les classes de chant de Mᵐᵉ Damoreau, de MM. Bordogni, Banderali, Panseron, Galli et Kuhn.

Cette laborieuse expérience du professorat et de l'accompagnement explique pourquoi j'ai été appelé par les éditeurs des *Solféges du Conservatoire* à la réédition de ces célèbres solféges, ainsi qu'à la rédaction du *Petit Solfége théorique et pratique*, destiné à leur servir d'indispensable introduction.

Si l'approbation de mes honorables collègues du Conservatoire vient justifier la confiance de mes éditeurs, je serai doublement heureux de pouvoir partager avec eux l'honneur de contribuer, dans notre modeste mais importante sphère, au progrès de l'enseignement de la musique en France.

Ed. BATISTE,

Professeur de solfége individuel et collectif au Conservatoire,
Organiste du grand orgue de Saint-Eustache,
Directeur-professeur de la Société chorale du Conservatoire

INSTRUCTION PRÉLIMINAIRE

(De l'édition primitive des Solféges du Conservatoire)

POUR LE DÉVELOPPEMENT ET LA CONSERVATION DE LA VOIX

Nous avons placé en tête des solféges du Conservatoire, comme premier livre, les principes élémentaires de la musique. Ces principes sont nécessaires à ceux qui ignorent entièrement cet art, et qui veulent le connaître (1).

L'instruction que nous donnons ici, et qui concerne spécialement les professeurs de solfége, leur trace la méthode qu'ils doivent suivre pour obtenir des résultats heureux dans la partie de l'enseignement qui leur est confiée. Il ne faut pas que ces professeurs se bornent à enseigner les principes de la musique. Ce n'est point assez que les élèves sachent lire et solfier couramment toutes sortes de solféges. S'il est important d'en faire, par ce moyen, des musiciens, il ne l'est pas moins de cultiver de bonne heure leurs dispositions naturelles, afin qu'un jour ils puissent être de bons chanteurs, ou jouer avec sentiment et goût d'un instrument quelconque, si la nature leur a refusé la voix.

En musique, les instruments chantent comme les voix. Les moyens seuls diffèrent; mais l'accent musical se trouve toujours chez l'artiste habile qui chante avec la voix ou le violon, avec le basson ou le hautbois. Supposons qu'une partie des élèves se destine au chant, et l'autre aux instruments. Si les chanteurs ont une bonne voix, si ceux qui jouent des instruments en ont une

mauvaise ou une médiocre, il faut, qu'animé du même zèle et s'intéressant également à tous ses élèves, le professeur de solfége empêche, par ses instructions, les bonnes voix de se gâter, et les voix défectueuses de devenir plus mauvaises encore; mais surtout il doit donner indistinctement à tous les principes de goût, d'élégance et de grâce dont le style se compose, et d'où résulte l'accent musical.

C'est pendant les leçons du solfége, cette première étude de la musique, qu'on doit ébaucher le talent d'un élève, afin de le préparer à recevoir les dernières instructions qui viendront le perfectionner. Dès que l'élève aura surmonté les premières difficultés de l'école, il faudra le diriger d'après la méthode que nous allons indiquer. Si un élève, à qui la nature a accordé de l'intelligence, ne montre que peu de talent au sortir de l'école, c'est la faute du professeur de solfége. Toutes les difficultés et imperfections possibles ne doivent pas rebuter celui-ci, ni vaincre sa patience, ni éteindre l'amour-propre légitime qui naît en lui de l'intérêt qu'il prend à ses élèves et aux progrès qu'il leur verra faire, si dans son enseignement il suit la méthode qu'on va tracer.

1. Lorsque les élèves solfient ou vocalisent, il faut, par une attention continuelle, leur faire toujours émettre le volume entier de la voix, en les empêchant constamment de crier et d'attaquer les sons par saccades.

2. Il est important de choisir les solféges qui conviennent à la voix de chacun, c'est-à-dire d'éviter qu'ils soient trop hauts pour les voix bornées à l'aigu, ou trop bas pour les voix limitées au grave; mais comme on ne doit pas les exercer toujours sur les mêmes leçons, il sera nécessaire de transposer de temps en temps celles

---

(1) Ce premier livre des *Solféges du Conservatoire*, exclusivement consacré aux principes de musique, se trouve aujourd'hui remplacé et complété par un *Petit Solfége théorique et pratique*, qui renferme tous les principes présentés d'une manière plus élémentaire et appliqués aux plus jeunes voix, au moyen de cent petites leçons progressives, précédées de 50 tableaux-types résumant toutes les difficultés vocales et rhythmiques de la lecture musicale. Cette indispensable introduction aux solféges du Conservatoire est due à M. Édouard Batiste, professeur de solfége individuel et collectif au Conservatoire, et directeur-professeur de la Société chorale du Conservatoire.

dont la mélodie dépasserait l'étendue de leur voix (1).

3. Dès que l'élève commence à se fatiguer, il faut qu'il cesse de chanter, de crainte que l'épuisement de ses forces ne nuise à ses moyens. On peut alors le faire solfier en nommant simplement les notes, mais toujours en mesure. On ne saurait assez recommander aux élèves de pratiquer chez eux cette manière de solfier, qui, d'ailleurs, est favorable au moment de la mue ; à cette époque, les élèves ne doivent former aucun son (2).

4. Il est essentiel d'accoutumer de bonne heure un élève à distinguer si le son qu'il entonne est trop haut ou trop bas, et de lui laisser, autant qu'il est possible, le soin de se corriger lui-même. Cette méthode est propre à former l'oreille.

5. Il faut faire sans cesse attention à ce que l'élève, en solfiant, articule et prononce distinctement chaque note. Ce soin ne sera pas perdu pour lui. L'articulation, l'exacte prononciation des notes amène la prononciation des paroles, si nécessaire au chanteur, si agréable à ceux qui l'écoutent.

6. Le maître doit former le goût de tous ses élèves, cultiver leurs voix, surtout la voix de ceux qui se destinent au chant. On leur donnera pour cela un aperçu de la manière d'employer la voix à l'égard d'un son prolongé autant et plus que la durée d'une mesure. On les fera chanter avec grâce, en liant légèrement les sons entre eux par ce qu'on appelle PORT DE VOIX, mais sans affectation, et d'une manière qui ne soit pas traînante. On leur enseignera, autant qu'il sera possible, tous les agréments du chant qui se rencontreront dans les solféges. Enfin on leur apprendra à phraser le chant et à nuancer les phrases.

7. Dans le son prolongé, on doit émettre la voix très-faiblement, en augmenter le volume par degrés jusqu'à la moitié de la valeur de la note, et le diminuer ensuite progressivement, de manière qu'à la fin il se trouve aussi faible qu'au commencement.

8. Quant aux moyens de porter les sons, c'est-à-dire de les lier ensemble, il faut, à l'égard de ceux qui montent ou descendent par degrés conjoints, ne jamais faire taire la voix en passant d'un son à un autre, à moins qu'il ne soit indiqué que les sons doivent être détachés.

Pour ceux qui montent ou descendent par intervalles, il faut entre eux une liaison fort légère, et qui anticipe, en quelque sorte, la note à laquelle on veut arriver.

Exemple :

Le MI double croche, dans la mesure où se trouve le port de voix, doit être détaché du MI blanche qui suit, et à peine articulé. Ce premier MI doit être prononcé sous le nom de SOL. La même remarque a lieu pour le second exemple.

9. De tous les agréments du chant, celui qui est le plus à la portée de l'élève, C'EST LA PETITE NOTE sur laquelle nous allons particulièrement fixer son attention. Les autres agréments demandent une étude à part, trop difficile, et prématurée pour des commençants. Toutefois, nous le répétons, il faut que les élèves exécutent aussi bien qu'ils le pourront, sans forcer leurs moyens, tous les agréments indiqués dans les solféges.

10. Pour bien exécuter la petite note, on doit y appuyer la voix, mais sans affectation. Lorsqu'elle est préparée, elle prend la moitié de la valeur de la note à laquelle elle est ajoutée. Dans le cas contraire, elle vaut moins que cette moitié. Elle est préparée quand la note qui la précède est à l'unisson avec elle. La distance de la petite note, lorsqu'elle est au-dessus de la grande, est tantôt d'un ton, tantôt d'un demi-ton. Mais lorsque la petite note est en dessous, sa distance de la suivante est ordinairement d'un demi-ton. Cette remarque est essentielle pour les élèves qui feraient la petite note sans qu'elle fût indiquée.

11. Quoique les agréments du chant soient composés de petites notes, écrites ou supposées, et que l'on ajoute à la mesure, ils n'en augmentent pas la durée totale. Ainsi la valeur de chaque note, ajoutée comme ornement, est prise aux dépens de celle qui précède ou de celle qui suit, sans que la mesure doive jamais en être altérée. Il n'en est pas moins vrai que l'exécution de ces agréments doit participer du caractère du mouvement du morceau. Ainsi, dans un ADAGIO, un LARGO, un CANTABILE, ces agréments doivent être articulés avec la lenteur propre au caractère de ces mouvements, et il ne serait pas convenable de passer rapidement les petites notes ajoutées, comme il ne faudrait pas, même en conservant la mesure, exécuter ces mêmes notes avec lenteur

(1) C'est donc bien et dûment autorisés que nous avons agi. En effet, dans les nouvelles éditions in-8° des *Solféges du Conservatoire*, non-seulement M. ÉDOUARD BATISTE, l'accompagnateur habituel des examens et concours de solfége présidés par Cherubini, a réalisé, d'après la tradition, les basses chiffrées pour piano ou orgue ; mais il a transposé les leçons trop aiguës ou trop graves, indiqué de doubles notes pour les jeunes voix, et même placé de distance en distance, dans les premières leçons, des lettres A, B, précisant les passages où les voix trop courtes peuvent et doivent cesser de chanter. De plus, nous le répétons, le *Petit Solfége théorique et pratique*, de M. Édouard Batiste, est écrit en vue des plus jeunes voix.

(2) Les trois articles précédents renferment ce qui est nécessaire pour la conservation de la voix. C'est assez faire sentir aux professeurs la nécessité d'observer scrupuleusement ce qu'ils prescrivent.

et mollesse dans les mouvements vifs de l'ALLEGRO ou du PRESTO (1).

12. Lorsqu'on solfie, chaque agrément que l'on rencontre doit être vocalisé ou articulé avec le seul nom de la note à laquelle il est annexé. Il ne faut ajouter aucun agrément, surtout point de port de voix, à la note qui commence une leçon, ni à toute autre note précédée de silences.

13. Relativement aux phrases de chant, et à la manière de les nuancer, il faut, avant tout, éviter de respirer souvent. Il est donc important d'habituer les élèves à commencer et à terminer une phrase avec une ou deux respirations ; mais si l'on en rencontre qui excèdent les forces de l'élève, il faut alors que le maître indique l'endroit de la phrase où il y a une chute d'harmonie ou de mélodie ; c'est là que le chanteur doit respirer (2).

14. Pour nuancer les phrases de chant, et leur donner du style et de la tournure, il est essentiel de marquer les temps forts de la mesure sur lesquels tombent toujours les bonnes notes d'un accord ; une loi du chant, qui sert précisément à prêter du goût et de l'accent à la mélodie, enjoint de donner généralement aux sons qui montent plus de force qu'à ceux qui descendent, de manière que si l'on a à parcourir une progression plus ou moins longue de sons ascendants, l'inten-

sité de la voix aille en augmentant de proche en proche, sans pourtant *crier*, si ces sons se dirigent vers l'aigu. Il faut de même diminuer la force des sons dans une progression descendante, sans cependant éteindre la voix de façon à ce qu'on ne l'entende plus, si cette progression descend beaucoup vers le grave.

15. Il faut accoutumer les élèves à distinguer les phrases, à les bien sentir et à ne pas les hacher. Nous invitons, par conséquent, les maîtres, lorsque les élèves se tromperont, à *leur faire recommencer toujours la phrase entière*, au lieu de reprendre une ou deux notes avant l'endroit où ils se seront trompés. L'observation de cette règle sert non-seulement à corriger les élèves, mais en même temps à *former leur sentiment musical*, relativement à l'enchaînement des pensées qui composent les phrases (3).

La méthode que nous venons de tracer n'est qu'un simple aperçu de ce qu'il y a de plus nécessaire, de plus propre à conserver la voix, à la cultiver, et à former le goût. Ces notions élémentaires conviennent également et aux commençants et à ceux qui ont plus de connaissance de l'art.

Tous les professeurs de solfége n'ont pas senti l'importance de ces soins, ou ils ont négligé de s'en occuper ; c'est pour cette raison que nous leur avons retracé les principes d'où dépend le succès de l'enseignement. Un professeur trouvera toujours bon qu'on lui rappelle sa responsabilité en lui indiquant une méthode qui la diminue et lui fasse atteindre sûrement le but de travaux qui contribuent aux progrès de l'art même.

Les membres du Comité d'enseignement :

GOSSEC, MÉHUL, CHERUBINI, CATEL.

---

(1) On trouvera dans les cinquante tableaux-types du *Petit Solfége théorique et pratique*, de M. ÉDOUARD BATISTE, un tableau spécialement consacré aux petites notes dites apoggiatures, simples ou doubles, grupetti, trilles, etc., etc.; les représentant avec leur effet réel *mesuré* d'une manière générale mais non absolue. De plus, les professeurs et les élèves, en consultant la petite méthode de chant de Mme Cinti-Damoreau, expressément écrite pour les jeunes voix, trouveront là les indications les plus précises sur l'art du chant appliqué au solfége, les exercices les plus élémentaires, et les plus complets cependant, sur le développement progressif et la conservation de la voix.

(2) Dans le *Petit Solfége théorique et pratique*, destiné par M. ÉDOUARD BATISTE aux plus jeunes voix, les respirations sont indiquées à de plus courts intervalles, afin de ne point fatiguer les enfants. Et le professeur devra faire, dès le début, observer et sentir aux élèves la construction de phrases musicales qui se ponctuent, au moyen de respirations plus ou moins prolongées, tout comme les phrases du discours. Ainsi une phrase musicale de huit mesures, coupe la plus usitée, peut se ponctuer le plus souvent par une virgule ou quart de respiration après la deuxième mesure, par un point et virgule ou demi-respiration après la quatrième mesure, par une seconde virgule ou quart de respiration après la sixième mesure, et enfin par un point ou respiration entière après la huitième mesure, qui termine la phrase ou l'idée musicale ? Et si, après cette huitième mesure la phrase musicale laissait pressentir le besoin d'un développement immédiat, soit mélodiquement, soit harmoniquement, les deux points trouveraient alors leur place toute naturelle.

(3) C'est ici le cas d'entrer dans quelques considérations importantes sur la construction générale des phrases musicales. Le plus souvent elles se composent de huit et seize mesures, se divisant de quatre en quatre, et il est à remarquer que le plus souvent aussi la première idée musicale exposée dans les quatre ou huit premières mesures, avec un sens plus ou moins suspensif, se reproduit ou se développe comme second membre de la phrase avec un sens complet pour conclure. Cette division de l'idée musicale est ce qu'on appelle, avec raison, le rhythme mélodique, et il importe d'en donner l'intelligence et le sentiment aux élèves. Plus tard ils comprendront le rôle important de l'harmonie et des modulations dans le discours musical, et ils sentiront pourquoi, en vertu du grand principe d'unité tonale, un morceau doit toujours finir dans le ton qui lui a servi de début.

TABLES DES MATIÈRES

—⌣⊙⌣—

ATLAS DES 50 TABLEAUX

DE

LECTURE MUSICALE

DU

PETIT SOLFÉGE

D'ÉDOUARD BATISTE

SOLFÉGES DU CONSERVATOIRE

PAR

CHERUBINI, MÉHUL, CATEL, GOSSEC, LANGLÉ, ETC.

AVEC ACCOMPAGNEMENT DE PIANO OU ORGUE, PAR ÉDOUARD BATISTE

2ᵉ LIVRE
EXERCICES ET LEÇONS

3ᵉ LIVRE
SOLFÉGES PROGRESSIFS

–o–o–

4e LIVRE

5e LIVRE

SOLFÉGES A PLUSIEURS VOIX

–o–o–

6e LIVRE

LEÇONS ET SOLFÉGES

SUR CLEFS D'UT

TIRÉS DES PRÉCÉDENTS SOLFÉGES

–o–o–

7e ET 8e LIVRES

DERNIERS SOLFÉGES DE CHERUBINI

Sur toutes les Clefs et à changements de Clefs

POUR LES EXAMENS ET LES CONCOURS DU CONSERVATOIRE

–o–❦–o–

SOLFÉGES D'ITALIE

LEÇONS CHOISIES DES GRANDS MAITRES

Avec accompagnement de Piano ou Orgue

PAR ÉDOUARD BATISTE

1er Livre   2e Livre

BARYTON OU CONTRALTO   TÉNOR OU SOPRANO

Paris. — Typ. Morris et Comp., rue Amelot, 64.

SOLFÉGES DU CONSERVATOIRE

PAR

L. CHÉRUBINI, CATEL, GOSSEC, MÉHUL, etc.

Nouvelle édition avec accompagn! de Piano ou Orgue,

PAR

ÉDOUARD BATISTE,

professeur de Solfége individuel et collectif au Conservatoire,
Organiste du Grand Orgue de Saint Eustache.

1re PARTIE.   LIVRE III.

N? 1.   Larghetto.

CHANT.

CHERUBINI.

PIANO
ou
ORGUE.

(1)
CANON A LA QUINTE.
N.º 2.
Andantino.
CHERUBINI

Nº 3.
Lento.
CHERUBINI.
(3)

N.º 4.
Moderato.
FUGUE.
CHERUBINI.
Moderato.

Adagio.
1.º Tempo.
Adagio.
1.º Tempo

N.º 5. Andante.

AGUS.

N. 6
Larghetto.
GOSSEC.
Fausse relation.
Tempo giusto.
FUGUE.

Nº 7. Allegro.

CATEL

(3)

N.º 8
Adagio.
CHERUBINI.
Andantino.

Adagio.

FUGUE D'IMITATION.(1)

(1) L'imitation n'est aucunement soumise aux règles de la fugue ordinaire, pag. 80 et 81 n.º 27, elle représente plutôt un thème écrit dans le style

26

N.º 10. Larghetto.
GOSSEC.

N°11. Allegretto.
CATEL.

(3)

Nº 12. Allegro.
CATEL.
(3)

N.º 13 Andante.

GOSSEC.

41
N.º 14.
Larghetto.
GOSSEC.
Allegro.
FUGUE.

N.º 15.
Allegretto.
GOSSEC.

MAJEUR.
MINEUR.

CANON À LA QUARTE EN DESSOUS.
N.º 16.
Tempo giusto.
AGUS.

N.º 17.
Andante.
LANGLÉ.
(3)

(3)

N.º 19.
Andantino espressivo.
CHERUBINI.

N.º 20. Allegro moderato.

N.° 21.
Allegretto.
CATEL.
3

N.º 22
Allegretto.
MEHUL.
(3)

64

N.º 23. Allegretto.

GOSSEC.

69
Nº 24.
Allegro.
CHERUBINI.

N°25.
Allegro moderato.
AGUS.
(3)

3   3
tr   tr   tr
tr
3 3 3 3   3 3 3 3
3 3 3 3 3 3 3 3
tr
tr
tr. tr   tr   tr
(3)

N° 26.
Andantino.
CHERUBINI.

N.º 27. Allegretto ma non tanto.

AGUS.

N.º 28
Allegro.
GOSSEC.

N.º 29.
Allegro comodo.
CHERUBINI

(3)

N.º 30. Andante.

MÉHUL.

FIN.
FIN.
D.C

N.º 31. Allegro non molto.

GOSSEC.

(3)

N.º 32.
Larghetto.
GOSSEC.

N.º 33. Allegretto.

RIGEL.

N.º 34.
Larghetto.
GOSSEC.

PAR IMITATION.

CONTRE-POINT DOUBLE À LA DIXIÈME.[1]

Nº 35.

Moderato.

CHERUBINI.

(1) Le *Contrepoint double à la dixième* est combiné de manière à pouvoir renverser la partie inférieure à l'*octave* au dessus, et la partie supérieure une *dixième*, ou *double tierce*, au dessous. (Ed. B.)

N° 36.
Allegretto.
LANGLÉ.

N.º 57.
Andantino.
CHERUBINI.
(3)

N.º 38.
Andantino.
CHERUBINI. 
89. (3).

N.º 59. Tempo giusto.

FUGUE.

GOSSEC.

renversé.
renversé.

tr
Adagio.

N.º 40. Allegro.

N.º 41.
Andante grazioso.
CHERUBINI.

Nº 42. Moderato.
CATEL.

122
Nº 43.
Tempo giusto.
FUGUE.
HERUBINI.

N.º 44. Largo.

GOSSEC.

Allegretto. *tr*

FUGUE.

N.º 45. Larghetto.
LANGLÉ.

Animé.
MAJEUR.

N.º 46. Leçon sur la mesure à deux temps ¢ et la mesure composée 6/4 employées alternativement.
Allegretto.
GOSSEC.
Même mouv! des temps.

N.º 47. Andante.
CANON À LA QUINTE INFÉRIEURE.
CATEL.

Allegro.
FUGUE.

Stretto.

Nº 48.
Largo.
GOSSEC.
Tempo guisto.
FUGUE.
(3)

serré.

N.º 49 Larghetto.

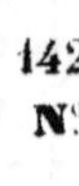

GOSSEC.

GOSSEC.

N.º 50.
Andantino.
CATEL.

N° 51.
Andantino.
GOSSEC.

152
N.º 52.
Allegro moderato.
MÉHUL.

(7)

N.º 53.
Allegretto.
CATEL.

N.° 54.
Allegro moderato.
FUGUE.
CATEL.
(3)

N.º 55
Allegro moderato.
CANON.
AGUS.
à l'octave.
à la quinte.

N.º 56.
Grazioso.
CHERUBINI

N.º 57.
Moderato.
CATEL.

N.º 58. Andante.

LANGLÉ

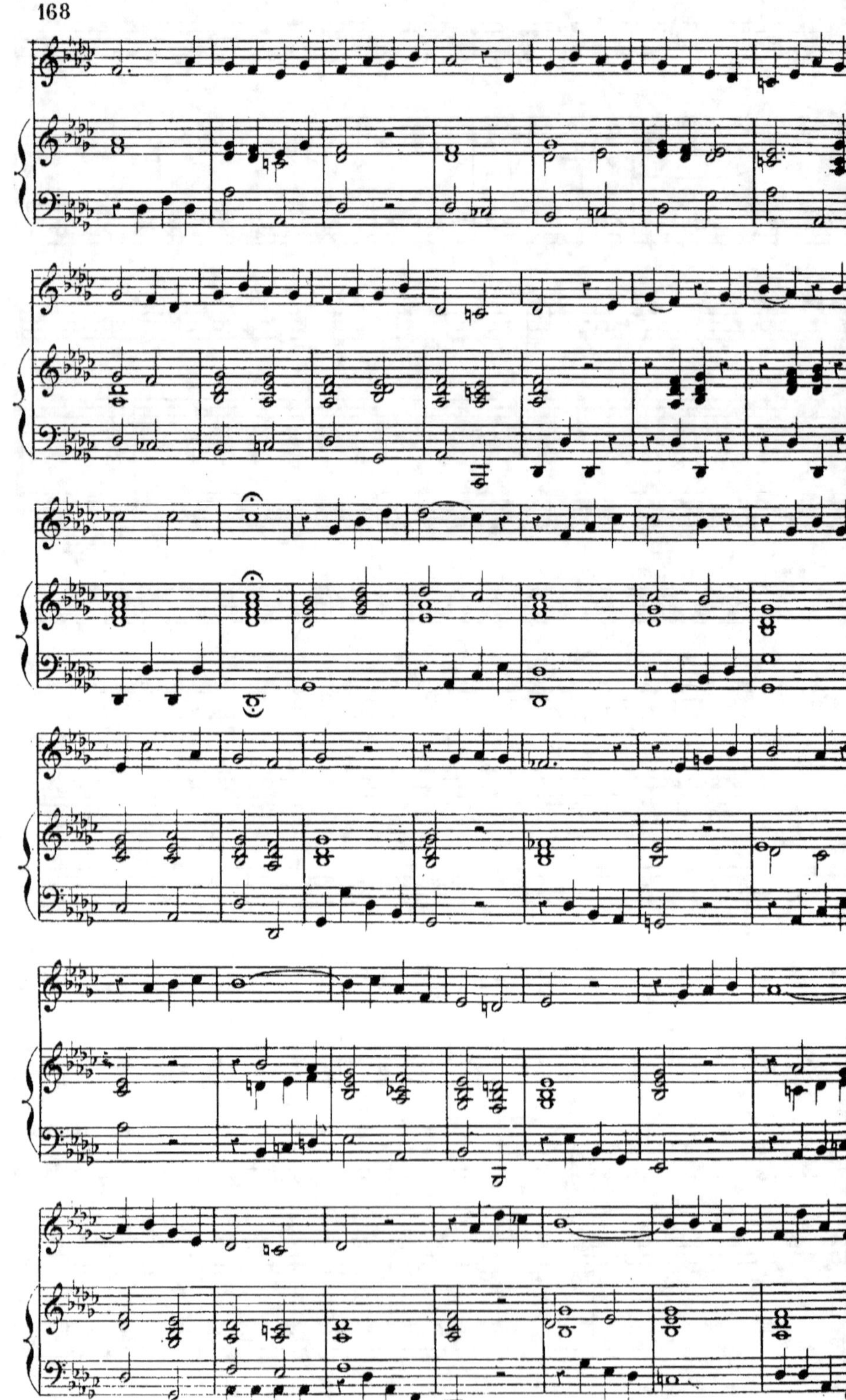

N.º 59.
Andante.
CATEL.
189. (5)

N.º 60.
Andante con moto.
CHERUBINI

Nº 61.
Allegretto.
GOSSEC.

174
Clef de Fa 4e. ligne.
CANON À L'OCTAVE.
No 62.
Allegro moderato.
CATEL.

N⁰ 63. Larghetto.

LANGLÉ.

.(3)

Nº 64.
Allegretto.
LANGLÉ.

N.º 65.
Larghetto.
LANGLÉ

N.º 66.

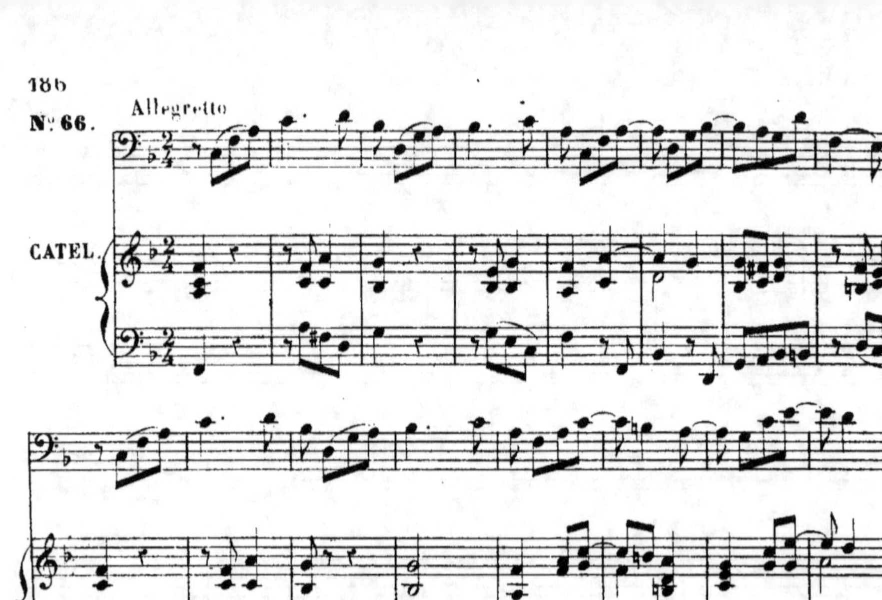

1ª
2ª

EXERCICES SUR LES MESURES DOUBLES. [1]

Mesure double à quatre temps ou mesure à $\frac{4}{2}$.

(1) Quoique les mesures doubles soient très peu usitées dans la musique moderne, on a cru devoir en donner quelques exercices pour faciliter aux élèves la connaissance de la musique ancienne où ces mesures sont quelquefois employées.

Mesure composée et double à quatre temps marquée 12.
4
N.° 68.
Larghetto.
GOSSEC.

tr
tr
Mesure double à deux temps ou mesure à 2/1
Nota: Dans la musique ancienne on indiquait cette mesure par un ¢.
N° 69.
Allegro moderato.
FUGUE RÉELLE.
LANGLÉ.

196
EXERCICE SUR LA MESURE DOUBLE ET COMPOSÉE À 2 TEMPS OU MESURE À 6/2
N.° 70.
Larghetto.
CHERUBINI.

101

Mesure double à trois temps ou mesure à $\frac{3}{2}$

N.° **71**. Larghetto

(3)

Nᵒ 72.
Sostenuto assai.
CHERUBINI.

CANON À L'OCTAVE.
Nº 73.
Moderato.
CHERUBINI

N.º 74.
Allegretto.
CANON À LA QUARTE.
CATEL.
Allegretto.

CANON EXACT A LA QUINTE.

N.° 75.   Allegretto.

GOSSEC.

CANON A LA QUARTE EN DESSOUS.

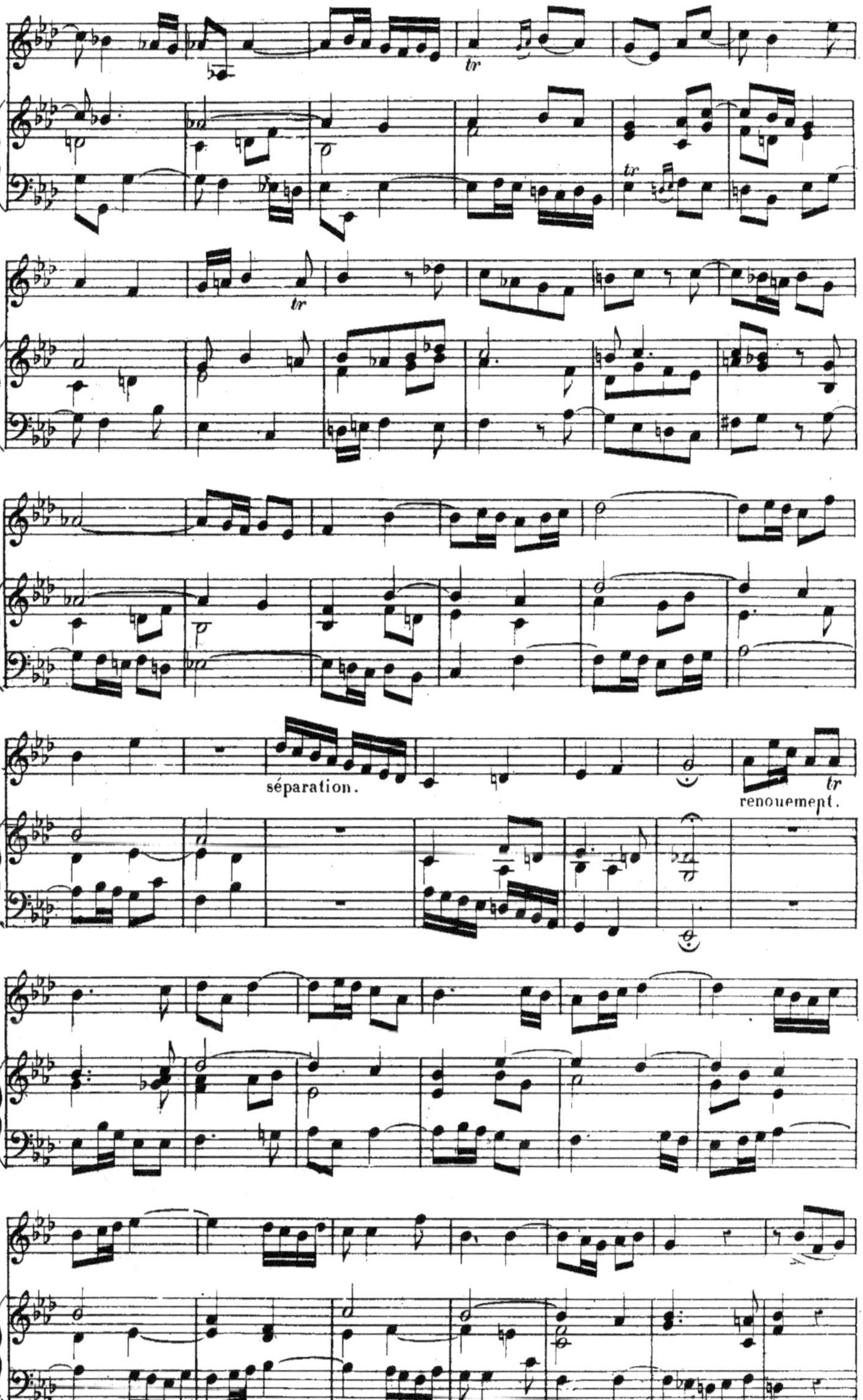
tr
séparation.
renouement.

(1) Se dit d'une phrase musicale combinée de manière à pouvoir se servir d'accomp.t à elle-même et qu'une partie exécute par le mouv.t rétrograde pendant que l'autre la fait entendre par le mouv.t di...

. (3)   (1) Dans cette leçon on verra que la basse, prise de la dernière mesure et en rétrogradant, répète exactement ce que le chant fait entendre à partir de la 1re mesure et en suivant le mouvement régulier. · (Ed. B)